Byd y Paranormal

I gyd-fynd â Taith Iaith 2

Elin Meek

Cyhoeddwyd gan **Y Ganolfan Astudiaethau Addysg**, Aberystwyth gyda chymorth ariannol Awdurdod Cymwysterau, Cwricwlwm ac Asesu Cymru.
Gwefan: www.caa.aber.ac.uk

ISBN: 1 84521 023 9
ISBN: 1 84521 025 5 (set)

Golygwyd gan Fflur Pughe a Non ap Emlyn
Dyluniwyd gan Richard Huw Pritchard

Diolch i Aled Loader, Luned Ainsley, Ann Lewis, Angharad Evans, Gwenan Nicholas a Dafydd Roberts am eu harweiniad gwerthfawr.

Argraffwyr: Gwasg Gomer

Cydnabyddiaethau
Mae'r cyhoeddwyr yn ddiolchgar i'r canlynol am ganiatâd i atgynhyrchu deunyddiau:

Anne Lloyd Cooper	tud. 3, 11, 19, 20
Richard Pritchard	tud. 4, 5, 6, 7, 8, 9, 10, 12, 13, 14, 15, 16, 17, 19
Bwrdd Croeso Cymru	tud. 4, 5, 8
Gwesy Gwledig Miskin Manor Country House	tud. 9
Fortean Picture Library	tud. 12, 13, 18
Sharon Neill	tud. 16, 17

Gwnaethpwyd pob ymdrech i olrhain a chydnabod deiliaid hawlfraint. Bydd y cyhoeddwyr yn falch o wneud trefniadau addas gydag unrhyw ddeiliaid na lwyddwyd i gysylltu â nhw.

Beth ydy'r paranormal?

Beth ydy'r paranormal? Pethau fel:

poltergeistiaid

UFOs

ysbrydion

pobl sy'n gallu siarad â phobl farw

bleidd-ddynion

Maen nhw i gyd yn sbŵci!

Ysbrydion mewn hen adeiladau yng Nghymru:

Castell Caerffili

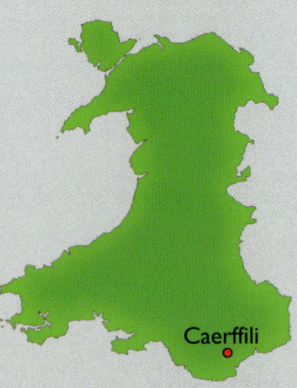

Mae pobl yn dweud bod 'Ladi Werdd' yn cerdded o gwmpas y castell. Mae hi'n gwisgo persawr arbennig.

Plas Margam

Mae tri ysbryd yma:

- Mae morwyn yn cerdded drwy waliau'r caffi ym Mhlas Margam. Mae hi'n cario hambwrdd.
- Mae'r 'Ladi Lwyd' yn gwisgo dillad hen ffasiwn.
- Mae mynach mewn gwisg ddu yn cerdded drwy'r goedwig.

Tŷ Aberglasne

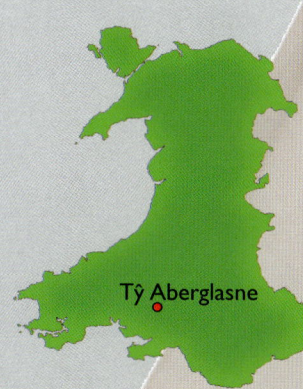

Mae pobl wedi gweld menywod yn gwisgo dillad Oes Fictoria yn y '*Blue Room*'. Maen nhw'n dweud bod 6 morwyn wedi marw yn yr ystafell yma yn Oes Fictoria. Sbŵci!

Castell Bodelwyddan

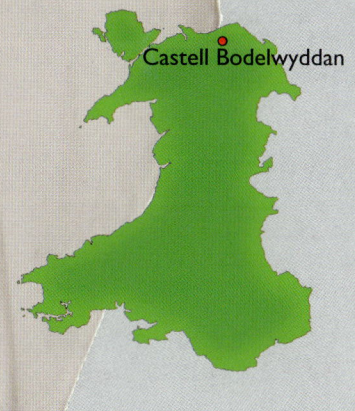

Mae pobl wedi gweld milwr yn cerdded o gwmpas y castell. Roedd castell Bodelwyddan yn ysbyty yn y Rhyfel Byd Cyntaf.

Llongau ysbryd

Llong ysbryd Cefn Sidan, ger Llanelli

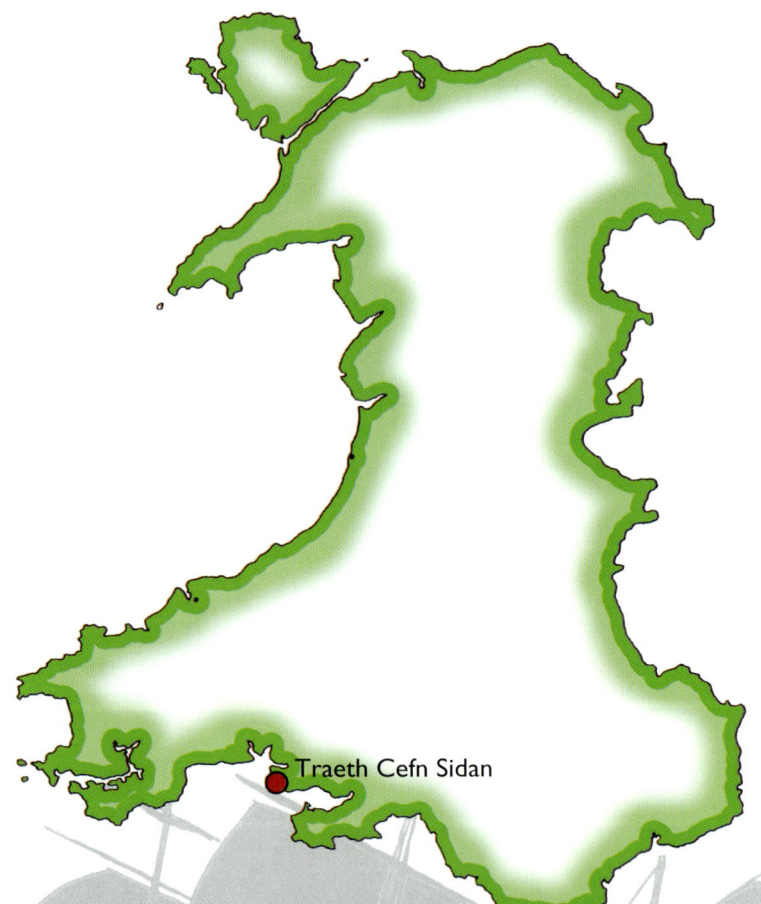

Traeth Cefn Sidan

Un tro, roedd Aaron o Abertawe yn cerdded ar draeth Cefn Sidan gyda'i gi, Ben. Yn sydyn, gwelodd Aaron long ar y môr:

"Roedd y llong yn edrych yn hen iawn. Yna, daeth golau gwyrdd o'r llong. Roedd y llong yn dod i'r traeth! Roedd Ben a fi'n ofnus iawn. Rhedon ni at y car yn y maes parcio a dweud wrth Dad. Ond doedd Dad ddim yn credu fy stori!"

Llong ysbryd Abergele

Mae pobl wedi gweld llong ysbryd ar y môr ger Abergele hefyd.

Un funud, mae'r llong yno.
Y funud nesaf, mae'r llong wedi mynd.

Sbŵci, neu beth?

Abergele

Teithiau Cerdded Ysbryd

Wyt ti'n hoffi storïau ysbryd?
Beth am fynd i Gaernarfon, 'te?

Mae taith gerdded ysbryd yng
Nghaernarfon. Mae pawb ar y
daith yn cerdded drwy'r dre ac
yn clywed storïau ysbryd.
Mae'r storïau'n wir – wrth
gwrs! Maen nhw'n sbŵci iawn!

Maen nhw'n dweud bod ysbryd
merch yn y castell.

Maen nhw'n dweud bod ysbryd yn teithio o gwmpas y dre mewn hers
yn ystod y nos!

Maen nhw'n dweud bod ysbryd lleian mewn tafarn yng Nghaernarfon!

Maen nhw'n dweud bod ysbrydion milwyr o Loegr yn y dre.

Gwyliau Ysbryd

Beth am fynd ar wyliau ysbryd?
Mae rhai pobl yn mynd i aros
mewn gwestai i weld ysbrydion.

Miskin Manor

Yn Miskin Manor, ger Caerdydd, mae ysbryd dynes yn y bar. Mae hi'n
dod i'r bar yng nghanol y nos. Ond dydy hi ddim yn gwneud dim byd.
Mae hi'n cerdded . . . ac yna mae hi'n diflannu.

Poltergeistiaid

Ysbrydion drwg ydy poltergeistiaid.

Maen nhw'n:

cynnau tân

gwneud sŵn

symud pethau

taflu pethau

torri pethau

Dyma rai storïau am boltergeistiaid:

Roedd merch yn Abertawe'n methu cysgu achos roedd ei gwely hi'n siglo.

Roedd llestri'n hedfan drwy'r awyr ac yn torri mewn tŷ yn Rhuthun.

Roedd dodrefn yn symud yn y nos mewn un fflat yn Aberystwyth.

Roedd sŵn crafu yn y nos mewn fferm ger Hwlffordd.

Roedd sŵn drws yn agor ac yn cau mewn tŷ yn Y Drenewydd.

Rhuthun

Y Drenewydd

Aberystwyth

Hwlffordd

Abertawe

Hela ysbrydion

Yn America, mae cwrs i ddysgu pobl
sut i hela ysbrydion.

Ar y cwrs, mae pobl yn:

- clywed storïau ysbryd
- cael cwis am ysbrydion
- edrych ar luniau o ysbrydion

Hefyd maen nhw'n dysgu:

- sut i dynnu llun ysbryd â chamera
- sut i recordio sŵn ysbrydion

Mae pobl sy'n hela ysbrydion yn mynd i
leoedd lle mae ysbrydion. Maen nhw'n gobeithio:

- gweld ysbryd
- tynnu llun ysbryd, neu
- recordio sŵn ysbryd

UFOs

Beth ydy UFOs?

Mae UFOs yn hedfan, ond:
• dydyn nhw ddim yn awyrennau nac yn falwnau
• dydyn nhw ddim yn adar

Does neb yn gallu dweud beth ydyn nhw!

Mae pobl wedi gweld pob math o UFOs:

rhai bach

rhai mawr

rhai siâp triongl

rhai crwn

rhai siâp sigâr

rhai siâp silindr

Hanes UFOs

Mae rhai pobl yn dweud: "Roedd UFOs adeg y Beibl.
UFO oedd y seren yn stori geni Iesu Grist."

Dechreuodd pobl ysgrifennu am weld UFOs yn yr 1800au.
Doedd dim awyrennau yn yr awyr yn yr 1800au.

Ers yr 1940au mae UFOs yn y papurau newydd yn aml.
Mae llawer o bobl yn dweud: "Dw i wedi gweld UFO."

Gweld UFOs

Mae pobl wedi gweld pob math o UFOs:

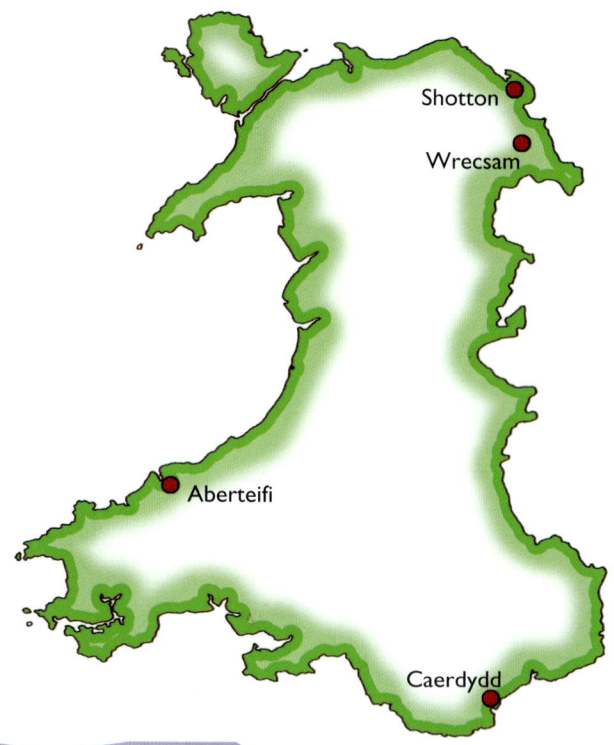

Mae Karen o Shotton
wedi gweld golau mawr
gwyn yn yr awyr.
Nid awyren oedd e.

Mae Gareth o Wrecsam
wedi gweld siâp sigâr
arian. Roedd e'n troi.

Mae Jed o Aberteifi wedi
gweld golau coch yn
symud yn araf . . .
ac yn diflannu.

Mae Helen o Gaerdydd
wedi gweld llawer o
olau glas. Roedden
nhw'n symud yn gyflym
mewn llinell.

Ydych chi wedi gweld UFO?

Pobl o'r gofod!

Mae un fenyw wedi gweld rhywbeth rhyfedd iawn.

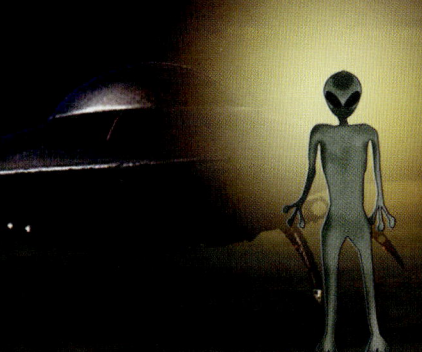

Gwelodd hi UFO yn glanio ar fynydd yn Sir Benfro.

Roedd pedair coes gyda'r UFO.

Daeth dyn allan o'r UFO. Roedd golau melyn yn fflachio o'i gwmpas.

Edrychodd y dyn ar y ddynes a mynd yn ôl i'r UFO.

Hedfanodd yr UFO i ffwrdd. Ond roedd marciau llosgi ar y mynydd.

Siarad â phobl farw – Sharon Neill a'i mam-gu

Mae rhai pobl yn dweud: "Dw i'n gallu siarad â phobl farw."

Mae Sharon Neill yn dod o Belfast. Mae hi'n ddall. Pan oedd hi'n 14 oed, bu ei mam-gu hi farw. Doedd Sharon ddim wedi ei gweld hi erioed.

Pan oedd hi'n 16 oed, clywodd Sharon lais ei mam-gu hi. Yn sydyn, **gwelodd** hi ei mam-gu hi! Roedd Sharon yn gallu gweld ei llygaid hi a'i gwallt hi, a'i ffrog streipiog hi.

Disgrifiodd Sharon ei mam-gu i'w mam. "Rwyt ti'n iawn," meddai mam Sharon. "Dyna sut roedd dy fam-gu di'n edrych."

Siarad â phobl farw – Sharon Neill yn helpu'r heddlu

Mae Sharon Neill yn dweud: "Dw i'n gallu siarad â phobl sy wedi cael eu llofruddio. Maen nhw'n dweud beth ddigwyddodd.
Wedyn, dw i'n dweud wrth yr heddlu."

Mae Sharon wedi helpu'r heddlu tua 70 gwaith.

Un tro, dywedodd merch farw wrth Sharon lle roedd olion traed ei llofrudd. Aeth yr heddlu i'r tŷ a gweld yr olion traed.
Wedyn, dalion nhw'r llofrudd, diolch i Sharon.

Bleidd-ddynion

Beth ydy bleidd-ddynion?

Pan fydd y lleuad yn llawn, mae rhai dynion yn troi'n fleidd-ddynion. Dyna mae pobl yn ddweud!

Does dim cynffon gyda nhw.

Maen nhw'n dal iawn – dros 2 fetr!

Maen nhw'n hela pobl ac anifeiliaid.

Stori'r ffermwr a'r blaidd-ddyn

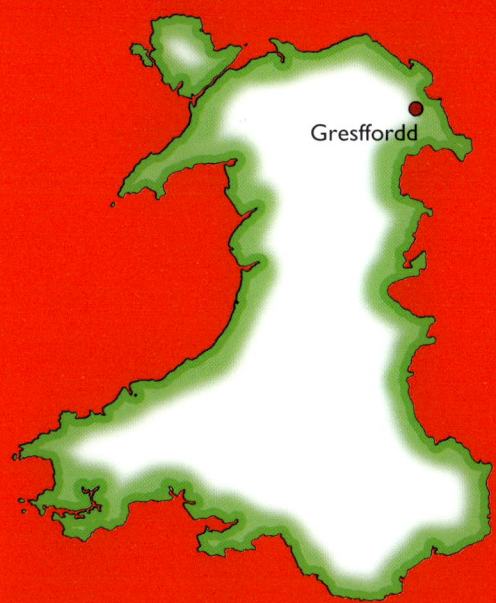

Gresffordd

Yn 1791, roedd dyn yn cerdded mewn cae ger Gresffordd.
Roedd hi'n bwrw eira. Yn sydyn, gwelodd e olion traed rhyfedd
yn yr eira. Roedden nhw'n enfawr.

Dilynodd e'r olion traed a dod i fferm. Roedd llawer o waed ac
anifeiliaid marw o gwmpas y fferm. Ond ble oedd y ffermwr?

Roedd y ffermwr yn y tŷ. Roedd e'n crynu.

"Beth ddigwyddodd?" gofynnodd y dyn i'r ffermwr.

"Daeth blaidd-ddyn a rhedeg ar fy ôl. Ond rhedais i i'r tŷ
a chloi'r drws," atebodd y ffermwr.

"Edrychodd y blaidd-ddyn i mewn drwy'r ffenest.
Roedd llygaid glas gyda fe, ac roedd ewyn yn dod o'i geg.
Wedyn, aeth e i ladd yr anifeiliaid."

Sbŵci iawn!